Ernest Cœurderoy

La Barrière
du Combat

pamphlet

ISBN : 978-1533178718

10 9 8 7 6 5 4 3 2 1

Ernest Cœurderoy

La Barrière du Combat

pamphlet

Table de Matières

La Barrière du Combat
ou Dernier grand assaut qui vient de se livrer entre les citoyens
Mazzini, Ledru-Rollin, Louis Blanc, Étienne Cabet, Pierre
Leroux, Martin Nadaud, Malarmet, A. Bianchi (de Lille) et
autres hercules du nord

Ceci était écrit depuis longtemps. Le peu de retentissement des manifestes Mazzini, Ledru, L. Blanc et consorts nous avait d'abord dissuadés de le publier.

Après la réunion des proscrits de la Seine, réfugiés à Londres, qui a eu lieu le 13 juin, nous ne saurions taire plus longtemps ce que nous croyons utile à dire.

Nous n'avons rien changé à ce qu'on va lire ; nous avons ajouté cette épigraphe tirée des *Saltimbanques* : IL LE FAAALLAIT ! ! !

Londres, juin 1852.

LA BARRIÈRE DU COMBAT

ANATKH.

Il le faaallait.!!!!
(*Les Saltimbanques.*)

« Gardez-vous des faux prophètes qui viennent
à vous couverts de peaux de brebis et qui au
dedans sont des loups ravisseurs. Vous les re-
connaîtrez à leurs fruits. Peut-on recueillir des
raisins sur les épines ou des figues sur les ronces ? »
(*Évangile.*)

Quand la RÉVOLUTION veut émerger du sein de l'humanité, les deux termes contraires du problème social se dégagent, l'un en face de l'autre, et l'an-archie qui bouillonne aux entrailles du peuple doit amener le délire du pouvoir dans les cerveaux fêlés de

Ernest Cœurderoy

ceux qui ont la prétention de le conduire.

La lutte s'engage alors, corps à corps, inexorable, car elle ne peut se terminer que par la destruction de l'une des deux forces en présence.

Nous en sommes là.

À la France haletante, il faut, à l'heure qu'il est, ou l'empire qui mate ou la liberté qui émancipe.

Tous systèmes neutres lui sont devenus insupportables.

Elle est lasse des eunuques qui, depuis soixante ans, la font tourner dans le cercle étroit de leurs réformes constitutionnelles.

Il faut enfin, ou que le peuple règne sans réserve, ou qu'il abdique.

Coco Romieu fut saisi d'une lumineuse inspiration lorsqu'il prédit aux politiques épatés l'avénement des Césars.

Les voilà bien ! Ils s'écrient tous : « La démocratie européenne n'a nul besoin d'un César. »

Et cependant, s'ils s'agitent, s'ils se disputent tant, c'est que chacun d'eux espère s'élever au pouvoir suprême sur ses adversaires abattus.

Ce n'est que cela au fond.

Il s'agit bien vraiment de l'humanité, de sa destinée, du règne de la justice sur terre ; il s'agit bien de signaler à l'horizon du monde le point noir où s'amoncelle l'orage, d'où partira la foudre, brisant tout, brassant tout, pour faire jaillir l'harmonie de ce chaos de débris.

Ils ne voient pas si loin, ces rhéteurs de bas-empire engagés dans de vaines discussions de prééminence au bruit des craquements d'un monde qui s'écroule.

Prenez votre temps, messeigneurs ; qui vous presse ? La Révolution vous a réduits en poudre, Phaétons présomtueux, le jour où vous vous êtes essayés à la conduire.

Vous êtes morts et bien morts. . . . .
. . . .
. . . .

Dansez, follets, dansez !. . . . .
. . . .

LA BARRIÈRE DU COMBAT

Accourez tous, bourgeois tapageurs, *ré-vo-lu-tion-naires*[1] surmenés, socialistes martyrs, *romains* éreintés du vieux théâtre républicain, vous qui aimez à entendre rugir les lions édentés et les tigres masturbés ; vous qui prenez plaisir à voir les lapins battre la caisse, les lièvres savants tirer le pistolet, et les chiens de faïence s'escrimer avec des sabres de bois.

Accourez aussi, femmes sensibles ; il n'y aura ni morts, ni blessés ; le sang ne coulera pas ; ce n'est rien qu'un ENGUEULEMENT.

V'là l'espectacle qui c'mmence !!!

Entrez, entrez, suivez la foule, on ne paye qu'en sortant et si l'on est*satisfait.*

Il y en a pour tous les goûts :

Voulez-vous de l'action ? Voici l'actionnaire. — Dévoré d'ambition, sec, jaune et fiévreux, — le front plissé par les soucis, l'œil brillant d'un feu sombre, — l'attitude ascétique, — la main crispée sur sa plume où sur le manche d'un stylet : c'est Mazzini le moine ; HOMME, PAPE et DIEU ; ITALIE, EUROPE, HUMANITÉ.

Voulez-vous du gouvernement ? Faites-vous servir ! — Corps exigu, vaste capacité, — esprit subtil, vue bornée, — abondance de style, absence d'observations générales, — fondeur d'ouvriers de plomb, Napoléon du travail, — démenti provoquant à l'égalité physique et intellectuelle rêvée par son compère Cabet, à la fois gouverneur et serviteur, — communiste et propriétaire, — fraternel et égoïste, — montagnard et socialiste, — révolutionnaire et doctrinaire, — vaniteux et intelligent, — héros piteux des 17 mars, 16 avril, 15 mai et 23 juin, — à la fois le Thiers et le Guizot du parti : voilà Louis Blanc.

Voulez-vous de l'humanité ? Voilà l'homme. — C'est le frère Pierre et son frère Jules Leroux, nous conviant à être tous frères, et circulant avec sa triade.

L'Icarie vous va-t-elle ? Allons-y. — Nullité outrecuidante —

---

1 À prononcer sur l'air des Lampions.

Ernest Cœurderoy

écrivain gâte-sauce — portière politique — épicier réformateur, courbant sous un niveau brutal l'intelligence, le cœur et la taille de tous les hommes ; pesant, dans sa balance inflexible, la ration de *ses enfants fidèles* — garde-chiourme conduisant à la baguette sa colonie de forçats — oracle impénétrable — Vestal voilé devant lequel vient s'agenouiller le troupeau d'Icare : — Voilà Môossieu Étienne Cabet.

Allons, vieux rebut, retourne à ta boutique ; débite en paix tes denrées de mauvais aloi, et roule des cornets égaux avec le *Républicain social* « rédigé par le peuple » et toi.

Aimez-vous le SOCIALISME DÉPARTEMENTAL ? On en a mis partout. — Au fait, un petit grain de SOCIALISME DÉPARTEMENTAL, ça ne peut pas nuire ; si ça ne fait pas de bien, ça ne saurait faire de mal, — absolument comme le garde national de Louis-Philippe. — Quel est l'homme, un peu préoccupé de l'avenir de son pays, qui n'ait pas rêvé du SOCIALISME DÉPARTEMENTAL ? Le besoin s'en faisait généralement sentir ; il était dans les plus profondes aspirations des penseurs. Vous nous demanderez sans doute ce qu'est le SOCIALISME DÉPARTEMENTAL ? Quelle est sa formule ? sa raison d'être ? ses moyens ? son but ? Dame ! ce ne sont pas là nos affaires ; passez au bureau de l'éditeur responsable. Pour nous, chercheurs de vérité, le nom de SOCIALISME DÉPARTEMENTAL suffit à notre bonheur. Il est inconnu, c'est vrai ; ce n'est qu'un fœtus, nous sommes forcés de l'avouer ; il n'a encore ni forme, ni couleur, ni propriétés physiques ; il est même insipide, nous en convenons ; peut-être ne vivra-t-il pas ? Qui sait ! Mais enfin, il existe, et nous sommes convaincus qu'à partir de ce jour il ne se fabriquera pas de manifeste montagnard ou socialiste qui n'ait sa petite nuance de SOCIALISME DÉPARTEMENTAL.

Le SOCIALISME DÉPARTEMENTAL, nous vous le disons, fera événement. Et pour prendre date et empêcher toute contrefaçon, il est bon que le public soit prévenu que le SOCIALISME DÉPARTEMENTAL a été créé et mis au monde par le citoyen A. Bianchi,[1] de Lille (Nord).

---

1 Ce n'est pas une erreur typographique.

Maintenant vous connaissez les personnages, nous allons arracher les masques ! « Point de secrets, ni d'arrière-pensées avec les peuples ni avec les puissances : celui-là se déshonore et manque au respect dû à ses semblables qui, dans l'exposé de ses opinions, use de détour et de malice. »

Vous n'avez pas voulu accoucher, dictateurs futurs ; eh ! bien, nous allons vous étendre sur la table de dissection et vous pratiquer l'opération césarienne.

En vous citant l'un après l'autre à la barre de vos tribunaux suprêmes vous nous avez imprudemment livré vos dossiers.

Voici ce que la RÉVOLUTION y trouve :

Dans le vôtre, M. Mazzini :

1° Que vous vous êtes constitué d'autorité, contre le socialisme français, — ce qui rentre, d'ailleurs, dans vos habitudes, — procureur général de nous ne savons quelle République bâtarde, comme on n'en vit jamais qu'à Rome alors que vous y étiez tout-puissant ;

2° Que vos accusations sont si mal coordonnées qu'elles se détruisent les unes par les autres ;

3° Qu'avec un luxe tout méridional de synonymes creux vous avez accusé le socialisme de Révélation, de Matérialisme, de Scepticisme, de Cosmopolitisme et d'Égoïsme.

— De Révélation ! parce qu'il « a prétendu faire sortir, à heure fixe, de cerveaux isolés, une organisation qui ne peut sortir que du concours de toutes les facultés humaines. »

— De Matérialisme ! parce qu'il « a répété avec Bentham et Volney que *la vie est la recherche du bonheur.* »

— De Scepticisme ! « parce qu'il a desséché les sources de la foi dans le cœur de l'ouvrier. »

— De Cosmopolitisme *vague* ! « parce qu'il a affaibli, ruiné le sentiment national. »

— Et enfin, d'Égoïsme ! parce que, « avec Proudhon, il a nié tout gouvernement. »

Sur quoi prononçant, par nous, qui ne faisons qu'enregistrer son

Ernest Cœurderoy

arrêt, laRévolution vous condamne :

Attendu que la *Révélation humanitaire* se fait, comme le socialisme l'affirme, par une succession de révélations individuelles.

Si Dieu est Dieu, l'humanité ne peut être son prophète, comme vous l'affirmez, vous. Suivez donc l'évolution de votre propre pensée, et vous apprendrez qu'avant qu'une conception se présente complète à l'esprit, chaque faculté spéciale de l'intelligence en révèle une face, que ce n'est qu'après ces opérations individuelles que la synthèse s'opère.

Ouvrez l'histoire de la philosophie et vous y lirez à chaque page que les révélateurs que vous conspuez ont joué, vis-à-vis des sociétés, le même rôle que chaque partie de votre cerveau vis-à-vis du tout.

On ne nie pas aussi grossièrement et soi-même, et l'histoire, et la vie qui palpite dans les artères, et les cendres des révélateurs semées sur le chemin du temps !…..

La Révolution vous condamne :

Attendu que, pour que l'homme puisse vivre par l'amour et l'intelligence, il faut qu'il n'ait pas été tué préalablement par la faim.

Observez-vous encore, et, si vous voulez faire une expérience qui sortira de vos habitudes, vous saurez que quand l'estomac a longtemps souffert le cerveau est bien près du vide et le cœur de la haine.

On ne nie pas aussi confortablement le radeau de la Méduse !!…

La Révolution vous condamne :

Attendu que sans scepticisme, il n'y a point d'affirmation.

L'humanité, toutes les fois qu'elle est en travail d'une conception, commence par examiner tout à nouveau et par douter de tout ; puis elle nie le passé et ne s'élève que sur ses décombres à une affirmation plus en rapport avec les besoins du temps.

Étudiez-vous donc : avez-vous vos idées de vingt ans ?… Si vous les avez conservées, nous vous plaignons. L'homme qui n'a jamais rien nié, n'a jamais rien affirmé : c'est un crétin.

LA BARRIÈRE DU COMBAT

On ne nie pas aussi affirmativement Socrate, Jésus, Jean Huss et la Révolution de 93 !!!

La Révolution vous condamne :

Attendu que le *cosmopolitisme vague* dont vous parlez, c'est la solidarité entre les hommes.

Un principe est ou n'est pas. Quand il est admis, il faut l'*exagérer* jusqu'à ses dernières conséquences. Il faut, quand on admet la liberté, ne l'appliquer qu'à l'individu, et quand on admet la solidarité, ne l'appliquer qu'à l'humanité. Un individu ne peut, par sa chétive personnalité, compromettre l'ordre humanitaire ; une famille, une nation peuvent prendre une assez grande influence pour le mettre en péril.

Relisez-vous : sur quoi roule tout votre acte d'accusation si ce n'est sur la trop grande influence que, depuis soixante ans, la France exerce sur les destinées de l'humanité.

On ne nie pas aussi maladroitement, quand on se fait procureur général, la base sur laquelle repose l'accusation !!!!

La Révolution vous condamne :

Attendu que l'individualisme, l'égoïsme, comme il vous plaît de le nommer, est le mobile naturel de l'homme.

Si l'homme peut faire la société comme il l'entend, la société ne peut pas refaire l'homme. C'est donc de l'homme qu'il faut partir pour organiser la société, de la liberté pour déterminer la solidarité, du droit pour faire régner l'ordre. Dans un organisme social semblable, l'homme s'affirmant et se faisant respecter, le devoir n'a plus de raison d'être : c'est un mot à rayer du vocabulaire humain.

Écoutez-vous : « Nous avons soif d'autorité — le peuple doit avoir confiance dans une autorité quelconque — nous cherchons tous l'autorité. »

N'est-ce pas vous enfin qui venez encore dicter ses devoirs à la démocratie ?

On ne nie pas aussi effrontément le despotisme des Bonaparte et l'ambition des Mazzini !!!!!

Ernest Cœurderoy

Reprenons les dossiers.

À votre tour, MM. Louis Blanc, Pierre Leroux, Étienne Cabet et consorts. À première inspection la Révolution vous condamne :

Parce que, portant la parole au nom de la France, vous vous êtes exprimés comme des Chauvins que vous êtes.

Parce que, portant la parole au nom du socialisme, vous vous êtes exprimés comme des communistes et des propriétaires que vous êtes encore.

Nous voulons bien vous lire le motivé du jugement.

Pour vous, il n'y a qu'un peuple : le peuple frrrançais.

Qu'une politique : — la politique de la France.

Qu'une histoire : — l'histoire de France.

Qu'une tradition révolutionnaire : — la tradition révolutionnaire de France.

Qu'une gloire : — la gloire de la France.

Qu'un art, qu'une science, qu'une littérature : — l'art, la science et la littérature de la France.

Qu'un pays sur la carte du globe, qu'un nom dans les fastes du monde : — le pays et le nom frrrançais.

Oui, vous êtes des chauvins, des frrrançais, et vous devez être de Pontoise, de Pézénas, de Brives-la-Gaillarde, à moins que vous ne soyez par hasard de Quimper-Corentin.

Les autres nations n'ont donc pas leur raison d'être, leur histoire, leur action, leur génie ! Elles sont donc des instruments muets dans le concert social !

L'homme qui se croit plus fort que ses semblables, les méprise bientôt, leur pose le pied sur la gorge et fait le vide autour de lui : c'est Tibère, Néron, Louis XI, Loyola ou monsieur de Robespierre.

De même la nation qui serait assez folle pour rapetisser les autres dans sa propre pensée, deviendrait forcément l'Attila de l'univers. Promenant partout ses armées avides de carnage, ses instruments de destruction, ses torches incendiaires, elle raserait les monuments, brûlerait les chefs-d'œuvre et les archives, et trônerait éperdue et sans point d'appui sur le gouffre du néant.

LA BARRIÈRE DU COMBAT

Est-ce là le rôle que vous rêvez pour la France ? Voulez-vous que son nom soit exécré et maudit, à juste titre, par tous les peuples ? Trop souvent, hélas ! elle fut poussée dans cette voie malheureuse :

— Par Louis XIV ! avec lequel elle ravagea l'Europe pour gueuser quelques lambeaux de terre et importer des Bourbons en Espagne.

— Par la république ! avec laquelle, sous prétexte de se défendre contre l'Europe coalisée et d'affranchir les peuples, elle imposa la liberté comme les tyrans imposent le despotisme, taillant, organisant, réglementant, sans tenir compte ni des lieux ni des mœurs, semant sur sa route dévastatrice des Républiques faites à son image, et donnant à ses généraux ces ordres inflexibles : « Ne souscrivez aucun traité qu'après l'affermissement de la souveraineté et de l'indépendance du peuple sur le territoire duquel les troupes de la République seront entrées, qu'après qu'il aura adopté les principes d'Égalité et établi un gouvernement libre et populaire. »

Et il y a des gens qui l'en glorifient !!!

— Par Napoléon !

«............................. Demandez à la terre :
« Ce nom, il est inscrit en sanglant caractère
« Des bords du Tanaïs au sommet du Cédar,
« Sur le bronze et le marbre, et sur le sein des braves,
« Et jusque dans le cœur de ces troupeaux d'esclaves
« Qu'il broyait tremblants sous son char. »

Et aussi le nom de la France.

« L'initiative de la France ! aveugle qui ne la voit pas. Elle est écrite en traits de feu, en lettres de sang sur la surface du globe, des Pyramides au Kremlin...................»

Mais nous nous arrêtons... Ces traits de feu et ces lettres de sang nous dégoûtent.

— Par la Restauration ! qui, après l'avoir traînée en Espagne, se laissa traîner par elle sous les remparts d'Alger.

— Par Louis-Philippe, le marchand ! sous lequel elle fit les ridicules expéditions d'Anvers et d'Ancône, pendant qu'elle assistait immobile à l'exécution de la Pologne ; sous lequel elle persista dans cette conquête impie de l'Afrique, opprobre du XIXᵉ siècle, qui n'a d'égal que l'empoisonnement de la Chine et le pillage organisé des

Ernest Cœurderoy

deux Indes.

— Par le gouvernement provisoire ! avec lequel elle renia la liberté partout.

— Par Bonaparte ! qui la conduisit à Rome relever le Saint-Père, à la force des baïonnettes.

Nous ne voyons pas sa mission comme vous. Il y a en France une minorité opposante qui a pour génie l'expansion, un immense besoin de sociabilité et d'amour, et qui entraînera forcément la nation à se perdre dans le sein de l'humanité.

Voyez partout : ce n'est pas la France qu'on admire ; elle est ravalée, méprisée même pour tous les crimes que nous venons d'énumérer. Ce sont ses manières, ses idées, ses créations de luxe et d'art qui s'infiltrent et se naturalisent dans toutes les parties du monde ; c'est sa langue qu'on parle à Saint-Pétersbourg comme à Rome et qu'adopte M. Mazzini lui-même. Tout cela est propagé par des efforts et des talents individuels.

Convenez-en donc, le corps de la nation se dissout ; son esprit seul plane. C'est le fleuve qui se perd dans l'immensité de la mer.

Avant un siècle, il n'y aura plus de nation française ; sur ses cendres aura grandi l'humanité.

Mais, de grâce, n'établissez pas de cause à effet un rapport qui n'existe pas ; ne confondez pas le petit groupe de Français humanitaires avec la nation française chauvine, vantarde, amoureuse de soi et par dessus tout gasconne.

Dites que cette minorité imperceptible a toujours combattu pour la solidarité des peuples ; dites que Lafayette, Carrel, Laviron, Barbès, Raspail, pour n'en pas nommer d'autres, furent les soldats de ce principe ; dites que les manifestations avortées du 15 mai et du 13 juin ont été entreprises pour soutenir cette idée, et vous serez dans le vrai.

Mais ne venez pas dire que c'est la nation. La nation ! savez-vous où elle a toujours été ? Elle était avec les armées conquérantes de la République ; avec sa Convention, qui refusait des secours à la Pologne épuisée, sous le prétexte que Kosciusko était né gentilhomme ; elle était à Saint-Domingue, en Italie, à Saragosse ; elle élevait des colonnes et des arcs de triomphe à *son grand empereur* ; elle était en Espagne, avec le duc d'Angoulême ; en Afrique, avec Bourmont, Bugeaud, Changarnier, Cavaignac, Lamoricière et Pelissier ; elle tirait des coups de canon et des feux d'artifice en l'honneur de la prise d'Anvers ; elle réclamait à grands cris les limites du Rhin ; elle laissait sacrifier la Pologne ; elle entrait à Rome avec *le duc de Saint-Pancrace*.

La nation ! elle approuvait le poétique manifeste de Lamartine, et la fin de non-recevoir que sa représentation impuissante envoyait, le 15 mai, aux peuples soulevés en votant : « l'affranchissement de la Pologne, l'indépendance de l'Italie et le pacte fraternel avec l'Allemagne. » Elle fut toujours solidaire en paroles, oppressive en actions.

Vous plaidez la circonstance atténuante. — Pitoyable défense ! — Une nation, dites-vous, n'est pas responsable des actes de son gouvernement. Eh quoi !... une nation qui se laisse constituer gendarme, geôlier ou bourreau des autres, n'est-elle pas complice de ceux qui la conduisent ? Qui donc paye tout cela ?

Que demain le président Bonaparte décide la guerre contre l'Angleterre, et la nation tout entière courra aux rivages de la Manche, comme elle courait en Palestine au temps des croisades.

Et vous, Messieurs, protégés par l'hospitalité anglaise, que feriez-vous ?... Nous avons plein les oreilles de vos hurlements de chaque jour, et nous rougirions de le dire. . . . .

Si vous vous étiez contentés d'être Chauvins... ; mais vous avez fait plus : vous avez été communistes et propriétaires.

Vous avez renié tout ce qui fait la gloire, la force et le droit de vivre du socialisme. Vous vous inclinez encore devant tous les principes sur lesquels pivote la vieille société ; vous avez la prétention de démolir et de reconstruire, et vous travaillez tout au plus à la façon des ouvriers des ateliers nationaux, qui changeaient de place une brouettée de terre.

Reprenant le prononcé de son jugement, la RÉVOLUTION vous condamne :

Parce que, niant le gouvernement de M. Bonaparte, — vous affirmez celui de M. Louis Blanc ;

Ernest Cœurderoy

Niant les religions reconnues par l'État, — vous affirmez celle de M. Pierre-Jules Leroux ;

Niant l'organisation sociale civilisée, — vous affirmez celle de M. Étienne Cabet ;

Parce que, vous niant individuellement, vous vous affirmez tous ensemble ;

Parce qu'il vous faut toujours la propriété, la famille, la morale et la religion ; la vertu, le devoir, le dévouement, le sacrifice et le martyre ; l'intérêt de l'argent, le code, la justice, l'armée, la douane et la police ; le gabelou, le gendarme, le geôlier, le mouchard et le bourreau.

On ne peut être à la fois à Dieu et à Mammon, à la France et à l'humanité, à la république et à la révolution, à la politique et à la vérité ;

Parce que vous n'osez pas vous poser en face de la société égoïste et bourgeoise du XIXe siècle, et lui dire :

Ta propriété ! c'est le vol ; elle engendre le vol — à détruire.

Ton mariage ! c'est la prostitution ; il perpétue la prostitution — à détruire.

Ta famille ! c'est la tyrannie ; elle motive la tyrannie — à détruire.

Ta morale ! c'est la mutilation ; elle reproduit la mutilation — à détruire.

Ton devoir ! c'est la souffrance ; il répercute la souffrance — à détruire.

Ta religion ! c'est l'athéisme ; elle enfante l'athéisme — à détruire.

Ta justice ! c'est l'injustice ; elle justifie l'injustice — à détruire.

Ton ordre ! c'est le désordre ; il reproduit le désordre — à détruire.

Société maudite ! engrenage d'iniquités ! que d'efforts la ruse et la force ont accumulés pour te construire ! Que d'efforts il faudra pour briser tes rouages ! Quel supplice de vivre dans ton enfer, lorsqu'on entrevoit notre ciel !!

Un mot encore. Avec M. Mazzini, il n'y a que le scandale de votre amitié passée qui puisse égaler le scandale de votre rupture présente. Quoi ! vous, socialistes brevetés, qui vous sépariez avec éclat du jacobin Ledru, vous alliez vous jeter dans les bras du triumvir de

Rome, qui se fit toujours gloire de repousser le socialisme !

Alors que le nom de Mazzini grandissait en Europe, et que vous supposiez son ambition bornée à l'Italie, il vous sembla de bonne politique de vous rapprocher de lui. Au contraire, la concurrence toute française de M. Ledru-Rollin vous fit ombrage.

Jalousie de métier !

Maintenant que le dictateur du Vatican pose ouvertement sa candidature à la papauté européenne, maintenant que le principe de la liberté individuelle a tout envahi, et que les gouvernements s'en vont, vous abandonnez votre ancien ami à son malheur et vous vous donnez l'embrassade trinitaire.

Hypocrisie d'ambition !

Puisse cette cérémonie vous réussir, MM. L. Blanc, Cabet et Pierre Leroux !!! Quant à nous, nous n'aimons pas à voir des hommes se donner le baiser-Lamourette.

Pendant qu'il en est temps encore, étouffez ce projet d'*union socialiste* qui vous tient si fort au cœur et que vous n'exécuterez jamais. Ce serait le point de départ d'une nouvelle scission plus bruyante que toutes les autres.

Comment vous entendriez-vous ?

M. Étienne Cabet soutient que les besoins sont égaux ; M. L. Blanc, qu'il sont proportionnels ; — M. Pierre-Jules Leroux réclame la liberté d'instruction et de religion ; MM. L. Blanc et Étienne Cabet, un culte et un enseignement d'État. — M. Étienne Cabet ne comprend entre homme et femme que l'union indissoluble ; MM. L. Blanc et Pierre Leroux veulent faciliter par le divorce la liberté amoureuse. — M. L. Blanc affirme qu'il faut être fou pour attaquer la propriété ; M. Leroux est assez fou pour la trouver injuste.[1] — M. Étienne Cabet nous chante les méthodiques délassements d'Icarie ; M. L. Blanc, les avantages réglementaires des ateliers sociaux ; et M. Pierre-Jules Leroux, le charme de la liberté individuelle.

Et ainsi de suite… Nouvelle méthode pour constituer des accords parfaits.

Qu'on analyse, qu'on tourne, qu'on retourne, qu'on épluche et qu'on pressure tout votre fouillis politique ; qu'on aille jusqu'au

---

1 En tant qu'aubaine ne résultant pas du produit du travail.

Ernest Cœurderoy

tréfond de tout ce que vous avez dit ; qu'on fasse descendre MM. Mulot, père et fils, dans vos plus intimes pensées, et nous défions qu'ils en ramènent autre chose que ce *credo* que vous voudriez nous imposer :

« Je crois en Étienne Cabet, le Père Tout-Puissant, qui n'a pas fait l'Icarie en sept jours ; en Louis Blanc, son fils unique, notre *serviteur*, qui a été conçu de Pierre-Jules Leroux, est né de George Sand, toujours Vierge, a souffert sous Cavaignac, a été condamné, est mort, mais n'est pas tout à fait enterré ; est descendu en Angleterre, y a repris ses sens et après trois ans a reconstitué un Olympe où il est assis à la droite d'Étienne Cabet, le Père Tout-Puissant, d'où il reviendra en France pour opprimer égalitairement les anarchistes et les réactionnaires.

« Je crois en Pierre et en Jules Leroux, en la sainte communauté, en l'*union socialiste*, en la reconstitution des ateliers sociaux, en la résurrection de Nauvoo, en la circulation éternelle dans l'humanité. Amen. »

Et puis après ?…

En vérité, citoyens-Césars, vous êtes plus despotes que Césars ne furent oncques. Vous ne respectez rien :

Ni les excellentes intentions de votre ami Pyat, qui n'est pas un César et qui, en bon Frrrançais qu'il est, s'efforce hélas ! de vous mettre tous d'accord ;

Ni ce bon public républicain qui, par profession politique, est forcé de vous lire ;

Ni ces admirables presses belges qui, par profession sociale, sont forcées de vous imprimer ;

Ni le désespoir de ce pacifique M. Potvin qui, par profession de Belge et de journaliste, est forcé de gémir de vos dissensions, et, qu'à ce train-là, vous achèverez bientôt.

Et tout cela pour nous apprendre, quoi ?

Que MM. Blanc, Cabet, Leroux et consorts, sont des Français et des humanitaires — des propriétaires et des communistes — des an-archistes et des dictateurs — des monopoleurs et des égaux — des athées et des déistes — des ré-vo-lu-tion-naires et des socialistes — des diplomates et des philosophes — des révélateurs et des gouvernants, etc., etc.

Nous le savions déjà depuis longtemps.

Que M. Mazzini est Italien et européen-aristocrate et démagogue — papiste et anti-papiste — conventionnel et constitutionnel — an-archiste et monarchiste — qu'il n'a pas agi en Savoie — qu'il n'a pas agi à Milan — qu'il n'a pas agi à Rome — qu'il n'agira jamais — qu'il ne commande à personne — qu'il ne dirige rien — qu'il n'a pas un fil de conspiration dans les mains — que toute sa tactique consiste à s'envelopper de mystère, à se transporter incognito d'un point de l'Europe à l'autre, — à revêtir tous les déguisements — à mettre sur les dents tous les facteurs de l'Europe — à faire croire enfin à tout le monde et à lui-même qu'il conspire.

Qui donc ignorait cela ?…

Que M. Ledru-Rollin, le plus beau des Césars, se serait pendu plutôt que de ne pas prendre part à ce grand assaut où se sont empoignées toutes les illustrations démocratiques contemporaines ; qu'il y est arrivé, comme d'habitude, bien portant, rempli de bonne volonté, suant, soufflant, hors d'haleine, commandant l'attention par son port majestueux, imposant silence de sa voix de tonnerre, et laissant tomber de dessous sa moustache ces sacramentelles paroles : « Nos pères de la Convention étaient de fameux gaillards ! Aimez, relisez, bénissez, adorez et divinisez nos pères de la Convention ! Ce sont eux qui découvrirent cette pensée sublime : « UNISSEZ-VOUS TOUS POUR SAUVER LA RÉPUBLIQUE. FRÈRES !!! que ces mots qui renferment à la fois une expiation et une espérance, demeurent sans cesse présents à notre esprit ; qu'ils soient l'invocation du matin, l'inspiration de la journée, la méditation du soir ; que chaque bouche les répète ; que tout démocrate y conforme ses actes… »

« Mon bon Pierre Leroux ! qu'avez-vous à vous dépeigner ainsi ? Voulez-vous faire peur à vos petits-enfants ? Souvenez-vous que vous êtes *homme-humanité*, et que vous êtes fragile comme verre ; prenez garde à la casse !

« Excellent Louis Blanc ! ne vous trémoussez pas tant. Ménagez votre faible *organisation* ; nous en avons vu bien d'autres quand nous étions dans cet enfer de gouvernement provisoire, en compagnie de Marrast qui posait, d'Arago qui s'opposait, de Garnier-Pagès qui imposait et de Lamartine qui en imposait ; vraiment il nous

Ernest Cœurderoy

faudrait bien du mauvais vouloir pour ne pas nous entendre ici.

« Vertueux Étienne Cabet ! contrefaçon peu flattée du sage Nestor, vous qui avez dit que nous étions tous égaux et frères, n'attisez pas l'incendie, et ne cherchez pas à faire constater votre supériorité ; ce serait nier votre propre système et prendre d'ailleurs une peine inutile. En considération de vos vieux services, nous vous rendrons franc de port à votre bien-aimée colonie de Nauvoo.

« Malheureusement la démocratie indisciplinée de prairial n'écouta pas plus nos pères de la Convention que vous ne m'écouterez aujourd'hui, je le crains. *Ah ! que l'amour est agréable !* quel fléau que la guerre ! que la tranquillité serait plus douce à mon cœur affligé ! qu'il serait avantageux pour la République que nous unissions toutes nos forces, toutes nos aspirations, toutes nos pensées, tous nos amours, tous nos cœurs, tous nos poumons et toutes nos cordes vocales pour envoyer des actions de grâces à nos pères de la Convention, qui sont bien certainement au ciel !…

« Encore un coup ! quelle belle chose que la concorde ! Si jamais je reviens au ministère de l'intérieur, je jure bien qu'au lieu de faire des bulletins anarchiques, je satisferai tout le monde en élevant à la Concorde un temple orné des statues de nos pères de la Convention.

« Encore un coup ! UNISSEZ-VOUS TOUS POUR SAUVER LA RÉPUBLIQUE !!! Serrez vos rangs, qu'on se soutienne ! L'union fait la force ! L'union ou la mort !!! Embrassez-vous, et que ça finisse !!! »

Eh bien ! Ré-vo-lu-tionnaires conviés à cette comédie ridicule… la voilà finie. Êtes-vous satisfaits ? N'est-il pas édifiant ce *steeple-chase* à la dictature ? Et ces Césars d'emprunt ne se sont-ils pas assez fatigués pour mériter vos bravos ?

Moutons enragés qui vous rangez par grands troupeaux sous la gaule de vos maîtres et de leurs chiens de berger, êtes-vous corrigés ? Vous sentez-vous disposés à faire entendre encore à vos chefs qui le mendient, ce tribut habituel de votre adoration :

St. Auguste César Ledru ! Unissez-nous ! Révolutionnez-nous !
St. Joseph César Mazzini ! Actionnez-nous ! Dirigez-nous !
St. Louis César Blanc ! Enrégimentez-nous ! Servez-nous !

LA BARRIÈRE DU COMBAT

St. Étienne César Cabet ! Nivelez-nous ! Transportez-nous !
St. Pierre Jules César Leroux ! Aimez-nous ! Humanisez-nous !
St. Auguste César Blanchi ! Départementalisez-nous ! Socialisez-nous !
St. Martin César Nadaud ! Soutenez-nous ! Étayez-nous !
St. Placide César Malarmé ! Armez-nous ! Alarmez-nous !

Variante qu'on chantait autrefois *sur la même air* :

St. César de Robespierre ! Priez pour nous !
St. César Saint-Just ! Priez pour nous !
St. César Danton ! Priez pour nous !
St. César Fouquier Tinville ! Priez pour nous !
St. César Cromwell ! Priez pour nous !
St. César Luther ! Priez pour nous !
St. César Loyola ! Priez pour nous !

Tout comme on chante encore :

Sancta Maria ! Ora pro nobis !
Sancta Cunegunda ! Ora pro nobis !
Sancte Troas ! Ora pro nobis !
Sancte Unibald ! Ora pro nobis !
Sancte Hilarion ! Ora pro nobis !
Sancte Bonaventure ! Ora pro nobis !
Sancte Dagobert ! Ora pro nobis !

Et ainsi de suite jusqu'à la saint Sylvestre.

Pour nous, qui ne croyons pas que la foi démocratique soit plus pure parce qu'on est agitateur par métier, colporteur de canards politiques, orateur d'estaminet et culotteur de pipes ; parce qu'on affecte d'avoir des habits crasseux, des cheveux en désordre, une chemise sale, une figure malpropre et des ongles en deuil, nous nous séparons de l'école qui n'étudie rien, qui n'approfondit rien, qui ne comprend que les mots d'ordre et qui s'agenouille devant des fétiches.

Tout ce qu'apporte le temps passe avec le temps. Vos Césars vinrent

Ernest Cœurderoy

à la vie politique avec l'opposition bâtarde de la Restauration et de Louis-Philippe. Dans ce temps-là, on croyait encore que, comme l'autorité faisait le mal, elle pouvait aussi faire le bien. C'est aux sociétés libérales d'alors qu'ils empruntèrent leur argot doctrinaire ; c'est là qu'ils s'habituèrent à prendre la question à rebours, à concevoir ces sociétés d'une seule pièce, dans lesquelles l'individu n'est compté pour rien ; c'est là qu'ils s'imaginèrent que la force peut implanter une idée.

Nous voyons trop clairement la tendance de vos Césars à constituer, sur le peuple et en dehors de lui, l'autorité de leurs personnes, pour gémir comme vous de leurs divisions ; nous nous en réjouissons, au contraire, car nous savons que *leur pouvoir divisé périra.*

Vous ne voulez donc pas le voir ? Depuis 48, il s'est fait dans les esprits une révolution immense. On le sait : comme révélateur, l'homme ne va jamais trop loin ; comme gouvernant, il ne peut réaliser, le lendemain d'une victoire, que les idées répandues par la propagande. Comme idée, le révélateur force la main aux sociétés ; comme action, les sociétés forcent la main aux gouvernants.

Pour nous, que le sort a faits fils de la bourgeoisie française, — que notre choix libre et raisonné a rendus enfants de l'humanité ;

Pour nous, que le hasard des temps, et le milieu dans lequel nous vivions, fit républicains, — que l'examen et l'étude rendirent révolutionnaires, nous vous disons :

Le temps des litanies est passé. Regardez plutôt, vous qui êtes en scène, vous ne recueillez pas un bravo ; vous en êtes réduits à payer des claqueurs ; le public est las de vos passes d'acrobates ; de votre *Comité démocratiqueeuropéen* ; de votre *Nouveau Monde* ; de vos unions, de vos désunions, de vos discussions et de vos réconciliations ; de vos proclamations, commissions, centralisations, discours et exhibitions ; l'organisation même de vos escadrons de SANSONNETS *respectueux* ne saurait l'émouvoir.

Il faut que toute RÉVOLUTION aboutisse par le bien ou par le mal. Elle pouvait arriver par le bien, vous ne l'avez pas voulu ; laissez-la donc frayer sa voie par le mal.

L'humanité a fait le grand écart. Elle est dans l'attente d'une RÉVOLUTIONplus profonde que celle qu'amena le

LA BARRIÈRE DU COMBAT

christianisme. La civilisation craque et s'écroule : rangez-vous, si vous ne voulez être écrasés sous ses décombres !!

La RÉVOLUTION qui nous presse ! elle aura pour théâtre le monde ; pour acteurs, les peuples ; pour moyens, un cataclysme ; pour résultat, comme toujours, un despotisme unitaire d'abord, et puis l'égalité partout. Qu'ont à voir, dans tout cela, vos chétives personnalités ?

Dans l'homme, comme dans la société, il n'y a pas d'accroissements partiels. Une avant-garde ne constitue pas une armée. La France n'est pas l'Europe ; il faut que les autres nations la rejoignent. En admettant qu'elle pût faire aujourd'hui la RÉVOLUTION chez elle, elle ne saurait vivre au milieu de l'Europe hostile, réfractaire à ses idées.

En chimie, c'est par l'intervention d'un réactif puissant que les corps en dissolution se précipitent sous une forme nouvelle ; il ne saurait en être autrement dans le creuset social.

Les éléments de la civilisation sont dissociés ; une force immense et nouvelle doit intervenir pour produire l'ordre que nous attendons.

Le socialisme s'est élevé du sein des nations civilisées. Le christianisme avait pris naissance dans une étable du monde païen.

Dans la société païenne qui le persécutait, le christianisme n'eût jamais grandi. Il fallait que le monde romain fût bouleversé par l'invasion des Barbares. Dans la société civilisée qui lui est hostile, le socialisme périrait, et il ne peut périr . . . .
. . . .

S'il appartient à la France savante de propager les idées de la RÉVOLUTION, il faut une nation inculte pour les réaliser.

Quelle est donc la plus belle de ces deux missions ? . . . .
. . . .

On dit : « Du nord au midi de l'Europe, il n'y a pas d'autre grand peuple constitué que le peuple français. » On ne compte donc pour rien cette moitié de l'Europe habitée par un monde de déshérités, qui seront appelés un jour les fils aînés du socialisme, et qu'asservit, encore à cette heure, une poignée de Boyards !…..

À coup sûr, il y aura encore des émeutes en Europe. — Qui

Ernest Cœurderoy

conteste leur utilité ?… Nous y travaillerons comme les autres. Mais il ne peut s'y faire dorénavant de RÉVOLUTION sans croisement de peuples, de forces et d'idées.

Puisqu'il le faut… qu'elles viennent, les hordes du Nord ! qu'elles se précipitent sur l'Europe au galop de leurs cavales, la lance au poing, ébranlant de hourras sauvages les glaciers des Alpes, les vieux châteaux du Rhin, les échos de Versailles et la Ville aux sept collines.

Qu'ils descendent, les Barbares ! qu'ils transfusent leur sang jeune dans les veines de nos sociétés décrépites, constitutionnellement, organiquement bourgeoises.

Qu'ils viennent et qu'ils soient bénis ! ne sont-ils pas nos frères ?…

À nous fils de la France, républicains-démocrates-socialistes, il tarde de voir arriver les Cosaques, car nous comprenons la RÉVOLUTION.

Libre à ceux qui nient le soleil, de nier aussi cette puissance dont le poids nous accable ; — libre à eux de fermer les yeux, pour ne pas voir le nuage, la foudre et les immenses ressources de l'invasion prochaine ; — libre à eux de nous vouer à la haine des divinités patriotiques et de faire tomber sur nos têtes les malédictions et l'anathème ; — nous aimons mieux considérer froidement l'avenir. L'avalanche nous emportera sans doute avec tous ceux qui chercheront à arrêter sa marche… Du moins, nous aurons pressenti sa portée…

Quant à vous, qui n'avez ni cet instinct ni ce courage, noyez-vous dans le bourbier civilisé, que vous ne dessécherez pas. Continuez, si bon vous semble, vos exercices culinaires, avec l'aide de M. Mazzini, qui rompra la monotonie de vos travaux en vous entretenant de la « GRANDE PENSÉE. »……

Vous vous êtes crus des maçons, vous n'êtes tous que des GÂCHEURS . . . . .

Le cadre restreint de cette publication ne nous permet pas de donner à nos idées le développement qu'elles comportent. Nous le ferons plus tard.

LA BARRIÈRE DU COMBAT

ISBN : 978-1533178718